Im Ausland mit Autismus

Kacper, der uns lehrt, zu leben

*Ein Weg zwischen Herausforderungen,
Liebe und leisen Siegen*

AF202008

von Paulina Mucha

April 2025

tredition

Lektorat von: Claudia Irmer-Hellwig

Coverdesign von: Claudia Irmer-Hellwig
Satz & Layout von: Claudia Irmer-Hellwig

Druck und Distribution im Auftrag der Autorin:

tredition GmbH, Heinz-Beusen-Stieg 5, 22926 Ahrensburg, Deutschland

Kontaktadresse nach EU-Produktsicherheitsverordnung: mucha_paulina@web.de

Für alle Mütter, die leise kämpfen.

Für die, die sich jeden Tag neu

entscheiden, weiterzumachen.

Dieses Buch basiert auf persönlichen Erfahrungen und ersetzt keine medizinische oder therapeutische Beratung.

Inhalt

Prolog

Ich hätte nie gedacht, dass ich einmal ein Buch schreiben würde. Und doch – hier ist es.

Am Anfang stand nur ein einziger Gedanke: *Was kann ich mit meinem Leben noch anfangen?* Ich hatte schon immer gern geschrieben. Und so reifte langsam die Entscheidung, eine Geschichte zu erzählen – eine Geschichte, die mein Leben verändert hat. Meine Persönlichkeit. Meine Sicht auf die Welt.

Ich schreibe aus der Perspektive einer Mutter, deren Kind frühkindlichen Autismus hat.

Von dem Moment an, als ich von der Schwangerschaft erfuhr, veränderte sich alles.

Zum Glück stand dieser Moment nicht am

Anfang meines Masterstudiums in Früh- und Vorschulpädagogik, sondern gegen Ende. Ich konnte meine Prüfungen abschließen und meine Abschlussarbeit verteidigen – hochschwanger und voller Hoffnung.

Dieses Buch beschreibt unseren Weg. Es erzählt von Entwicklungen, Rückschlägen und kleinen Siegen. Von Erschöpfung, Orientierungslosigkeit und unermesslicher Liebe.

Ich teile, was mir geholfen hat, Schwierigkeiten zu bewältigen – und wie ich lernte, mich auf eine völlig andere Wahrnehmung der Welt einzulassen. Ohne meine Familie, besonders meinen Mann, hätte ich das nicht geschafft. Auch er musste viel lernen. Wir wuchsen gemeinsam.

Ich übernahm eine Rolle, auf die mich niemand vorbereitet hatte: die einer Übersetzerin. Zwischen der Welt meines Kindes und der Welt da draußen.

Vieles blieb lange unverständlich – doch mit der Zeit begannen wir, Muster zu erkennen. Wir lernten, zwischen den Zeilen zu lesen, hinzusehen, wo andere wegschauen, und vor allem: Geduld zu haben.

Dieses Buch ist mein Versuch, unsere Reise festzuhalten. Vielleicht macht es anderen Eltern Mut. Vielleicht schenkt es ein wenig Hoffnung.

Es gibt nicht *den* einen Weg – aber es gibt immer einen, der weiterführt.

Der Anfang einer besonderen Reise – Von der Geburt bis zur Diagnose

Kapitel 1: Der Beginn unserer Geschichte

Es war eine seltsame Ruhe. Nicht die friedliche, beruhigende Art von Ruhe, sondern eine, die sich nur dann einstellt, wenn etwas Bedeutendes bevorsteht. Ich lag im Krankenhausbett, starrte an die Decke, und obwohl meine Augen offen waren, war mein Blick längst in Gedanken versunken. Trotz der Erschöpfung konnte ich nicht schlafen. Schmerz, Angst und Ungewissheit mischten sich zu einer flackernden Unruhe, die mir nicht erlaubte, auch nur einen Moment die Augen zu schließen.

Kacper sollte am 13. geboren werden. Doch der Tag verstrich – ohne ein Anzeichen. Ohne Regung. Wieder diese Stille. Erst drei

Tage später, als die Wehen nicht weiter fortschritten und mein Kind zunehmend erschöpft wirkte, entschied der Arzt sich für einen Kaiserschnitt.

In mir regte sich ein Funken Erleichterung – aber auch er wurde überlagert von einem überwältigenden Gefühl der Erschöpfung. Die Schmerzen begleiteten mich wie ein Schatten durch die Nacht. Ich konnte nicht einschlafen, keine Ruhe finden. Als der Moment der Operation näher rückte, hatte ich nur noch einen Gedanken: Ich will schlafen.

Narkose, Katheter, die Stimmen der Anästhesisten – alles geschah neben mir, als beträfe es nur meinen Körper, nicht mich selbst. Und doch wusste ich, dass sich in wenigen Minuten alles ändern würde.

Kacper wurde mit einer Nabelschnur um den Hals geboren. Der Arzt erzählte mir später, dass er zu ersticken begann – und dass der Eingriff im allerletzten Moment kam. Heute weiß ich: Diese Entscheidung hat ihm das Leben gerettet.

Als ich ihn das erste Mal im Arm hielt, wusste ich: Dieses Kind wird mein Leben für immer verändern. Nicht, weil etwas nicht stimmte. Sondern weil ich sofort spürte, wie tief unsere Verbindung war. Still, zart, fast feierlich.

Er war ein ruhiges Baby. Zu ruhig, sagten manche. Er schrie kaum, schlief viel, forderte wenig. Ich empfand das zunächst als Geschenk. Während andere Eltern über durchwachte Nächte klagten, hielt ich mein scheinbar zufriedenes Kind im Arm und war

dankbar. Und doch spürte ich: Etwas ist anders. Nicht falsch – nur anders

Kapitel 2: Vor der Diagnose

Nach Kacpers Geburt deutete nichts darauf hin, dass unser Weg anders verlaufen würde als der anderer Eltern. Ich sah ihn an, erfüllt von Liebe und Hoffnung – wie jede Mutter. Doch mit der Zeit spürte ich leise: Etwas war anders. Vielleicht nicht falsch, aber anders. Und tief in mir regte sich die Ahnung, dass dieser Weg kein einfacher werden würde.

Das erste Jahr mit Kacper war herausfordernd. Er war unruhig, schwer zu beruhigen – ein kleiner Vulkan voller Energie. Als er begann zu laufen, hatte ich das Gefühl, die Welt könne mit seinem Tempo nicht mithalten. Gehen bedeutete für ihn: rennen. Und rennen bedeutete: nicht stillstehen.

Ein Spaziergang glich einem Dauerlauf. Treppen entwickelten sich zu seiner größten Leidenschaft. Stundenlang konnte er sie auf- und absteigen. Es war mehr als Neugier – fast wie ein innerer Zwang. Wo keine Treppen waren, wurde er untröstlich. Keine Spielsachen, keine anderen Kinder, kein Spielplatz konnten das ersetzen.

Ich erinnere mich an eine Szene, die sich mir eingeprägt hat. Eine Erzieherin aus der Kita, der ich vertraute, begleitete Kacper auf den Spielplatz – mit Schaufel, Rechen, Eimer. Später sagte sie zu mir: „Weißt du was? Er hatte keinen Spaß. Er wollte nicht in den Sandkasten. Die ganze Zeit nur Treppen. Rauf, runter, rauf, runter …"

Das brachte mich zum Nachdenken. Ich begann, genauer hinzusehen. Kacper zeigte

16

nicht auf Dinge. Wenn er etwas wollte, zog er mich einfach an der Hand dorthin. Ich fragte mich: Ist das normal? Oder übertreibe ich?

Ich beobachtete andere Kinder. Wie sie miteinander spielten, sich ansahen, auf Dinge zeigten und dabei Worte formten. Kacper hingegen war oft in seiner eigenen Welt. Wenn andere Kinder sich ihm näherten, wich er zurück oder reagierte gar nicht. Ich redete mir ein, dass jedes Kind eben anders sei – aber die Fragen in mir wurden lauter.

Einmal fragte mich eine Mutter beim Abholen: „Spielt Kacper eigentlich gar nicht mit den anderen?" Ich lachte verlegen und sagte, er sei heute wohl müde. Doch die Frage nagte an mir.

Manche Reaktionen waren verständnisvoll, andere eher abwehrend. „Ach, das wird schon!", hieß es oft. Oder: „Du bist einfach zu sensibel. Jungs sind eben wilder." Ich hörte zu, nickte – und zweifelte weiter im Stillen. Irgendetwas stimmte nicht. Ich konnte es nicht benennen, aber ich fühlte es mit jeder Faser.

Und doch: Ich wollte nicht auffallen. Nicht die Mutter sein, die überreagiert. Also schwieg ich. Beobachtete weiter. Und suchte unbewusst nach einem Zeichen – einer Erklärung, einem Namen für das, was ich sah, aber nicht verstand.

Kapitel 3: Die Anfänge nach der Emigration

Ich saß an der Bushaltestelle, müde nach einem langen Arbeitstag. Noch immer klebte mir Sand im Haar – ein Überbleibsel aus dem Kindergarten, wo die Kinder wieder einmal wild gespielt hatten. Ein Sandkorn hatte mich mitten im Gesicht getroffen. Während ich auf Kacper wartete, gönnte ich mir einen stillen Moment und fragte mich: Wie habe ich das alles eigentlich geschafft? Arbeit, Kind, Sprache, Diagnose, Studium … Sieben Jahre in Deutschland lagen hinter mir – und ich fühlte mich, als hätte unser Leben gerade erst begonnen.

Als wir ankamen, war Kacper ein Jahr alt. Wir zogen vorübergehend bei meinem Schwiegervater ein – in eine viel zu kleine

Wohnung. Er lebte schon länger in Deutschland und hatte bereits Arbeit. Mein Mann Robert und ich wussten: Wenn wir hier eine Zukunft haben wollten, mussten wir die Sprache lernen.

Wir meldeten Kacper bei einer Tagesmutter an – einer Frau, die sich um mehrere Kleinkinder kümmerte. Während er dort betreut wurde, belegte ich Sprachkurse. Kurs um Kurs – mein Ziel war es, meine polnische Ausbildung als Grundschullehrerin anerkennen zu lassen. Doch dafür musste ich das Sprachniveau C2 nachweisen – und solche Kurse waren damals kaum zu finden. Irgendwann gab ich diesen Weg auf und entschied mich, den Abschluss als Kindergärtnerin anerkennen zu lassen. Ich dachte, es würde einfacher sein. Ich lag falsch.

Das deutsche System unterschied sich grundlegend vom polnischen. Andere Praxis, andere Theorie, andere Erwartungen. Ich musste mich durch ein Netz aus Formularen, Anforderungen und Sprachbarrieren kämpfen. Ich belegte einen C1-Kurs, absolvierte mehrere Praktika, sammelte Unterlagen. Alles ohne Unterstützung. Das Internet war mein Wegweiser. Ich recherchierte, verglich, übersetzte – Schritt für Schritt. Und schließlich fand ich einen Weg, der gangbar war.

Doch während ich kämpfte, hatte Kacper mit seiner ganz eigenen Welt zu tun. Die neue Umgebung schien ihn zu überfordern. Er sprach kein Wort, auch nicht auf Polnisch. Die Tagesmutter versuchte, ihn einzubinden, aber er blieb distanziert. Andere Kinder berührten ihn, ohne dass er reagierte. Er spielte nicht mit, sondern wiederholte dieselben Bewegungen – drehte Räder, klopfte an Türen, sortierte Steine. Immer wieder.

Die deutschen Erzieherinnen beobachteten ihn. Einige sprachen mich darauf an. „Er ist sehr still", sagte eine. Eine andere meinte: „Vielleicht braucht er einfach mehr Zeit." Ich wusste nicht, wie ich reagieren sollte. Ich fühlte mich zerrissen – zwischen dem Wunsch, ihn zu schützen, und der Ahnung, dass er vielleicht mehr brauchte, als ich ihm in dieser Situation geben konnte.

Es war nicht leicht, in einem neuen Land Mutter zu sein. Ich verstand die Fachbegriffe nicht. Ich konnte nicht einschätzen, ob das, was ich beobachtete, wirklich auffällig war oder nur die Folge der Zweisprachigkeit, der vielen Veränderungen. Alles war neu – für ihn, für mich, für unsere kleine Familie.

In dieser Phase lernte ich, mich durchzubeißen. Ich stellte Fragen, auch wenn ich die Antworten manchmal kaum verstand. Ich begann, Termine bei Fachstellen zu machen – Erstberatung, Frühförderung, Logopädie. Die Wege waren lang, die Wartelisten noch länger. Aber ich wusste: Ich muss es versuchen. Für ihn. Für uns.

Kapitel 4: Auf dem Weg zur Diagnose

Ich weiß nicht mehr genau, wann dieser erste Gedanke auftauchte. Vielleicht war es nur ein Schatten des Zweifels, der inmitten der alltäglichen Sorgen kaum wahrnehmbar war. Und doch war er da – wie eine Angst, die zu früh am Morgen aufwacht und dich nicht mehr loslässt.

Kacper war mein erstes Kind. Ich hatte keinen Vergleich. Alles, was er tat, erschien mir im Rahmen. Kinder sind unterschiedlich, sagte ich mir. Ich war Pädagogin. Ich kannte die Grundlagen der Entwicklung, wusste, welche Meilensteine zu erwarten waren. Aber ich hatte keine klinische Ausbildung. Ich wusste nichts über das Spektrum. Ich konnte nicht tiefer schauen – nicht jenseits der Muster, die mir vertraut waren.

Kacper krabbelte nicht. Er ging direkt in den Stand, lief – und rannte bald darauf. Das schien uns nicht ungewöhnlich. Wir waren gerade nach Deutschland gezogen. Eine neue Sprache, eine fremde Umgebung, Stress auf allen Ebenen.

Wir gaben ihn in die Obhut eines katholischen Kindergartens, damit wir Sprachkurse besuchen konnten. Es war eine altersgemischte Gruppe – Kinder von zwei bis sechs Jahren. Und es war das erste Mal, dass jemand von außen bemerkte, dass etwas nicht stimmen könnte.

„Dein Sohn schlägt mit dem Kopf auf den Boden. Vielleicht tut ihm das Ohr weh?", fragten sie. Sie schickten uns nach Hause. Bauchweh? Zahnen? Vielleicht eine einfache Infektion? Die Erklärungen in meinem

Kopf wurden zahlreicher – aber die Sorge wuchs.

Kacper bekam Schlafprobleme. Wenn er in der Nacht aufwachte, war er stundenlang wach – unruhig, laut, angespannt. Ich hielt ihn, versuchte ihn zu beruhigen, aber nichts half. Und dann war da dieses Gefühl, das sich langsam durch meine Gedanken fraß: Etwas stimmt nicht.

Kapitel 5: Die Diagnose – Eine Geschichte, die alles verändert

Der Tag begann wie so viele andere – in Hektik. Sachen packen, ein kurzes „Hallo" ins Telefon, dann machten wir uns auf den Weg. Diesmal ging es nach Köln. Kacper saß hinten im Auto, ruhig, aber wach. Wir hatten einen weiteren Termin vor uns – mehr Fragen, mehr Formulare. Manchmal kam es mir vor, als bestünde unser Leben aus nichts anderem als aus Fahrten von einem Büro zum nächsten, von einer Klinik zur nächsten Einschätzung.

Robert arbeitete nachts, ich hatte Urlaub. Theoretisch sollte das eine Verschnaufpause sein. In Wahrheit aber war der Urlaub als Mutter eines Kindes mit Autismus kaum weniger fordernd. Ich telefonierte mit einer

Sachbearbeiterin vom Amt – eigentlich hätte sie zu uns kommen sollen, stattdessen blieb es bei einem Gespräch. Es ging um die Fortschreibung von Kacpers Behinderungsgrad. Das alte Dokument war abgelaufen. Dabei ändert sich Autismus nicht – aber das Kind wächst. Und mit dem Alter ändern sich Anforderungen, Normen, Erwartungen.

Ich musste erzählen, was Kacper kann. Was er nicht kann. Wie er sich bewegt, ob er logisch denkt, wie selbstständig er im Alltag ist.

Das war nicht schwer, weil ich mein Kind nicht kenne. Es war schwer, weil jede Antwort ein Spiegel war – auf das, was uns jeden Tag begegnet. Und was noch schwerer wiegt: Man muss es immer wieder tun. Alle paar Monate. Immer wieder.

Köln begrüßte uns mit Sonne und ohne Stau – eine Ausnahme. Wir gingen ein Stück am Kanal spazieren. Kacper liebt Wasser. Es beruhigt ihn. Er kann minutenlang schauen, wie sich das Licht auf der Oberfläche bewegt.

Ein anderer Alltag – Leben mit Autismus

Kapitel 6: Konsequent im Chaos – Erziehung ohne Kompromisse

Kacper war nie ein Kind, das man in Watte packen konnte – oder sollte. Von Anfang an war klar: Wenn wir ihm Sicherheit geben wollten, dann nicht durch Nachsicht, sondern durch Klarheit.

Ich war nie die Mutter, die jedes Verhalten mit einem „Er kann ja nicht anders" entschuldigt hat. Natürlich wusste ich, dass Autismus seine Reaktionen beeinflusst – seine Wahrnehmung, seine Regulation. Aber das bedeutete für mich nicht, alles durchgehen zu lassen. Im Gegenteil: Gerade weil die Welt für ihn oft so unberechenbar ist, brauchte er ein stabiles Gegenüber. Eines, das verlässlich bleibt – auch wenn es schwer wird.

Ich führte Rituale ein, wiederholte Abläufe, erklärte Regeln immer wieder. Wenn er etwas nicht durfte, dann durfte er es auch beim zehnten Mal nicht. Kein Augenzwinkern, kein „Heute machen wir mal eine Ausnahme".
Das war nicht hart – es war notwendig. Für ihn. Für mich. Für uns.

Natürlich war das nicht immer leicht. Es gab Tage, da war ich erschöpft, da zweifelte ich an mir selbst. Aber ich hielt durch. Ich wusste: Jeder Moment, in dem ich nachgebe, bringt uns in der nächsten Situation doppelt in Schwierigkeiten.

Nicht jeder verstand das. In der Kita gab es Stimmen, die sagten: „Sie sind aber streng."

Aber sie sahen nicht, wie Kacper aufblühte, wenn er wusste, woran er war. Sie sahen nicht, wie ruhig er wurde, wenn die Dinge ihren gewohnten Gang gingen. Kinder mit Autismus brauchen keine perfekte Welt. Sie brauchen eine berechenbare.

Kacper war sensibel – für jede Unregelmäßigkeit, jede Veränderung. Wenn wir einmal die Reihenfolge beim Anziehen veränderten oder ein anderes Brot kauften, konnte das seinen ganzen Tag kippen. Deshalb lebten wir mit einem inneren Plan: aufstehen, waschen, anziehen, frühstücken. Immer in der gleichen Reihenfolge. Immer mit den gleichen Worten.

Ich entwickelte mit der Zeit ein Gespür dafür, wann ich eingreifen musste – und wann ich loslassen konnte. Wenn Kacper weinte, weil er nicht auf den Spielplatz durfte, erklärte ich es einmal. Wenn er dann schrie, blieb ich ruhig. Ich hielt den Raum – nicht, indem ich lauter wurde, sondern indem ich klar blieb. Manchmal, wenn er weinte und ich trotzdem bei der Regel blieb, fragte ich mich, ob ich versage – oder ob genau das meine Liebe zeigte.

Das war mein Weg, ihn zu begleiten. Ich nahm ihm keine Herausforderungen ab. Ich blieb einfach an seiner Seite – mit festen Grenzen und offenen Arme.

Kapitel 7: Überlastung, Rückzug und Wutanfälle

Wenn es zu viel wurde, kippte alles. Die Geräusche, die Gerüche, die Hektik des Alltags – sie trafen Kacper nicht einfach wie ein Windstoß, sondern wie ein Sturm. Manchmal war es der Einkauf im Supermarkt, manchmal der Klang eines lauten Staubsaugers oder ein Kind, das plötzlich lachte. Für ihn bedeutete es Reizüberflutung. Für mich: Wachsamkeit im Sekundentakt.

Es begann oft harmlos. Ein schneller Blick, ein kurzes Zucken der Schultern, ein angespannter Atemzug. Und dann: Rückzug. Oder   Explosion.
 Kacper lief davon, verkroch sich in Ecken, rieb sich die Ohren oder schrie. Manchmal warf er Gegenstände, schlug mit dem Kopf

gegen die Wand oder warf sich auf den Boden. Es waren keine „Wutanfälle", wie Außenstehende es nannten – es war sein verzweifelter Versuch, der Welt etwas entgegenzusetzen, die für ihn zu laut, zu grell, zu unverständlich war. Es gab Abende, da fuhr Kacper minutenlang mit dem Löffel die Tischkante entlang. Immer und immer wieder, mit völliger Konzentration, wie in einer eigenen Welt. Erst später verstand ich: Es war kein Spiel – es war seine Art, Ordnung im Chaos zu finden.

Ich lernte, die Anzeichen zu deuten – frühzeitig. Ich achtete auf seine Körpersprache, auf seine Reaktionen. Ich versuchte, Überforderung zu vermeiden, bevor sie eskalierte. Manchmal reichte es, ihn aus der Situation herauszunehmen. Manchmal half es, ihm Kopfhörer zu geben oder ihn in eine

Decke zu wickeln.

Oft aber blieb nur eines: Dasein. Aushalten. Nicht schreien. Nicht korrigieren. Nicht bewerten.

Die größte Herausforderung war nicht der Wutanfall selbst – es war die Erschöpfung danach. Bei ihm. Bei mir. Er fiel in sich zusammen wie ein Kartenhaus. Ich trug ihn dann, hielt ihn, manchmal stundenlang. Er schlief oft ein, die Tränen noch auf den Wangen. An manchen Tagen wusste ich nicht, ob ich trösten oder loslassen sollte. Ich war da – aber manchmal reichte das nicht. Und das tat weh.

Und dann war da das Umfeld. Menschen, die schauten. Menschen, die urteilten. Eltern auf Spielplätzen, Verkäuferinnen, sogar Erzieherinnen, die mich fragten: „Hat er denn keine Grenzen gelernt?"

Ich lernte, mich innerlich abzuschirmen. Ich wusste: Das ist kein Erziehungsproblem. Das ist sein neurologisches System, das kämpft – gegen eine Welt, die nicht für ihn gemacht ist.

Mit der Zeit entwickelten wir kleine Schutzrituale: eine feste Reihenfolge beim Anziehen, bekannte Wege, strukturierte Abläufe. Ich trug immer eine Sonnenbrille für ihn bei mir, ein Lieblingsspielzeug, einen Snack. Es war wie ein Erste-Hilfe-Koffer für seine Sinne.

Was für andere banal war – ein Restaurantbesuch, ein Bus voller Kinder – war für uns ein Kraftakt. Und trotzdem gingen wir raus. Nicht immer. Aber immer wieder. Denn Rückzug bedeutete nicht Kapitulation. Es bedeutete: Kraft tanken. Und dann wieder losgehen.

Kapitel 8: Zuhause als sicherer Raum – Struktur & Rituale

Unser Zuhause war nie perfekt. Aber es war sicher.

Für Kacper bedeutete Sicherheit nicht: weich gepolsterte Ecken oder Spielzeugberge. Sicherheit bedeutete: Klarheit. Wiederholung. Dinge, die nicht jeden Tag anders waren. In einer Welt, die ihn mit Reizen überflutete, war unser Zuhause der einzige Ort, den er kontrollieren konnte – oder der zumindest kontrollierbar blieb.

Schon morgens begann es mit kleinen Ritualen. Der Frühstücksteller stand immer am selben Platz. Die gleiche Tasse. Das gleiche Besteck. Wenn ich einmal vergaß, die Gabel richtig zu legen, hielt Kacper inne – als wäre ein Schatten über den Tag gefallen. Ich gewöhnte mir an, achtsamer zu sein.

Die Kleidung für den Tag wählte ich nicht spontan. Sie lag schon am Abend vorher bereit – farblich abgestimmt, strukturell gleichbleibend. Keine Überraschungen, keine spontanen Muster, die das Gleichgewicht kippen konnten. Ich lernte, dass selbst kleinste Abweichungen in seinen Augen wie ein innerer Sturm wirkten.

Auch Begrüßungen wurden zu Ritualen. Wenn ich ihn aus der Schule oder Kita abholte, sagte ich immer denselben Satz. Ich legte meine Hand genauso auf seine Schulter wie am Tag zuvor. Und wieder davor. Das war nicht Zwang – das war Zuwendung in seiner Sprache.

Struktur bedeutete auch: Pausen. Kacper brauchte sie mehr als andere Kinder. Nach der Schule war erst einmal Stille angesagt.

Kein Erzählen, kein Fragen. Nur Ankommen. Erst wenn er soweit war, kam er von selbst zu mir – manchmal mit einem Blick, manchmal mit einer Umarmung, manchmal mit einem einzigen Satz.

Manche Nachmittage verbrachte er allein in seinem Zimmer, inmitten seiner geordneten Welt. Jedes Spielzeug hatte seinen Platz. Wenn ich etwas verschob, konnte ihn das aus dem Gleichgewicht bringen. Ich lernte, seine Ordnung zu respektieren – nicht, weil sie perfekt war, sondern weil sie für ihn Sinn machte.

Auch Mahlzeiten wurden ritualisiert. Immer dasselbe Geschirr. Kein Experimentieren mit Konsistenzen. Kacper bevorzugte bestimmte Farben und Formen – besonders bei Nudeln oder Brot. Wenn ich einmal eine neue Sorte kaufte, aß er nichts. Ich verstand:

Verlässlichkeit beim Essen bedeutete für ihn, sich nicht neu anpassen zu müssen, wenn er ohnehin schon den ganzen Tag kompensierte.

Die Welt draußen war für ihn oft chaotisch. Aber unser Zuhause war ein Ort, an dem er sich nicht erklären musste. Hier durfte er einfach sein. Ohne Masken, ohne Erwartungen, ohne Vergleiche. Es war sein Rückzugsort – und mein Ankerpunkt in einem Alltag, der oft zwischen Stärke und Erschöpfung schwankte.

Manchmal fragten mich andere Eltern: „Ist das nicht furchtbar anstrengend, so viel zu planen?"

Ja.

Aber es war nichts im Vergleich zu dem, was Kacper durchmachte, wenn der Plan fehlte.

Kapitel 9: Reizfilter, Essen und tägliche Routinen

Für viele ist der Küchentisch ein Ort der Begegnung. Für uns war er oft ein Ort der Herausforderung.

Kacper war von klein auf empfindlich gegenüber Geräuschen – besonders beim Essen. Das leise Schaben eines Löffels, das Knacken einer Brotkruste, das Schlucken von Wasser – all das konnte ihn aus der Fassung bringen. Ich lernte, mich leise zu bewegen, mein Besteck anders zu halten, das Glas vorsichtig abzustellen. Kleinigkeiten, die für ihn einen großen Unterschied machten.

Wir aßen immer zur gleichen Zeit, am gleichen Platz. Kacper hatte seinen Stuhl – niemand sonst durfte dort sitzen. Der Ablauf war klar: erst Händewaschen, dann Tischdecken, dann ein kurzes Ritual. Kein Gebet, aber ein Moment der Ruhe. Eine kleine Pause, bevor das Essen begann.

Es gab Phasen, in denen er bestimmte Speisen strikt ablehnte – nicht wegen des Geschmacks, sondern wegen der Konsistenz, der Temperatur oder des Geruchs. Weiches Gemüse, zerkochtes Fleisch, lauwarme Soßen – all das ging gar nicht. Ich kochte oft in getrennten Töpfen, würzte portionsweise, servierte das Bekannte neben dem Neuen, in der Hoffnung, dass er sich eines Tages herantastet.

Manche Tage waren einfacher. An anderen konnte ein falscher Löffel, ein fremder Geruch in der Küche oder ein ungewohnter Lichtschein ausreichen, um ihn aus dem Gleichgewicht zu bringen. Dann stand er auf, verließ den Raum oder begann zu schreien – nicht aus Trotz, sondern aus Überforderung. Ich lernte, in diesen Momenten nicht zu bewerten, sondern zu begleiten. Ich blieb ruhig, sagte wenig, wartete. Und manchmal aßen wir einfach später – wenn die Welt für ihn wieder ein Stück berechenbarer geworden war.

Am schwierigsten war es, wenn Besuch da war. Neue Stimmen, andere Geräusche, veränderte Dynamik. Ich bereitete ihn vorher vor, erklärte, wer kommt, was wir essen, wo die Gäste sitzen. Trotzdem konnte ein einziger unerwarteter Ton alles kippen. Ich lernte, flexibel zu sein – mit dem Essen, mit dem Timing, mit den Erwartungen an einen „normalen" Ablauf. In Restaurants war ein Klirren von Besteck manchmal Grund genug für einen Rückzug. Nicht weil er „ungezogen" war – sondern weil jedes Geräusch für ihn wie ein Donnerschlag wirkte.

Unser Küchentisch war auch ein Ort des Wachstums. Hier lernte Kacper, dass er sich verlassen kann – auf die Abläufe, auf uns. Und wir lernten, wie viel Sprache im Schweigen steckt. Wie man Nähe schafft, ohne Worte. Wie man ein Kind hält, indem man den Raum hält.

Kapitel 10: Herausforderungen und Hoffnung im Alltag

Es gibt Tage, da will ich einfach nur schlafen. Nicht denken, nicht organisieren, nicht reagieren. Nur die Augen schließen und vergessen, dass gleich wieder ein Formular wartet, eine Therapie ansteht, ein Anruf getätigt werden muss.

Aber dann höre ich ihn im Nebenzimmer summen. Seinen Rhythmus, seine Welt. Und ich stehe wieder auf.

Der Alltag mit Kacper ist kein klar umrissener Ablauf. Er ist ein Balanceakt – zwischen Reizüberflutung und Routine, zwischen liebevollem Verständnis und fester Konsequenz. Jede Stunde bringt neue Anforderungen. Manchmal ist es nur ein falsch stehender Stuhl, der den Ablauf stört.

Manchmal ein Geräusch von draußen, das alles aus dem Gleichgewicht bringt.

Ich bin oft müde – körperlich, mental, emotional. Es ist eine Müdigkeit, die sich nicht mit einer Nacht Schlaf vertreiben lässt. Sie sitzt tiefer. Es ist die Art Müdigkeit, die entsteht, wenn man immer funktionieren muss. Wenn man keine Wahl hat.

Es gibt keinen Autopiloten für unseren Alltag. Jeder Tag verlangt Aufmerksamkeit, Anpassung, Entscheidungen. Ich muss vordenken, mitdenken, nachjustieren – und das, obwohl meine eigenen Reserven längst aufgebraucht scheinen.

Aber inmitten dieser Müdigkeit liegt auch Mut. Ein leiser, stiller Mut, der sich nicht groß macht. Er zeigt sich darin, dass ich weitermache. Dass ich mich immer wieder aufraffe, mich durch Ämter kämpfe, durch Unsicherheiten navigiere, durch Therapiebögen lese, als hätte ich Medizin studiert.

Es ist der Mut, der sich nicht in großen Gesten zeigt, sondern im Kleinen: im fünften Telefonat mit einer Krankenkasse. Im geduldigen Erklären eines neuen Ablaufs. Im beharrlichen Einfordern dessen, was Kacper zusteht.

Manchmal frage ich mich, woher ich die Kraft nehme. Und dann sehe ich Kacper. Wie er lacht, wenn etwas genauso ist wie erwartet. Wie er innehält, wenn ich eine bekannte Melodie summe. Wie er langsam, ganz langsam lernt, sich in dieser Welt zurechtzufinden.

Unsere Tage sind keine Heldengeschichte. Aber sie sind echt. Voller kleiner Kämpfe –

und voller leiser SiegInstitutionen und Unterstützung.

Kapitel 11: Unser Weg durch den Bürokratiedschungel

Ich hätte nie gedacht, dass das Leben mit einem besonderen Kind auch bedeutet, Expertin für Bürokratie zu werden. Aber genau das wurde ich – gezwungenermaßen.

Kaum war die Diagnose ausgesprochen, begann eine neue Realität: die der Anträge. Pflegegeld, Schwerbehindertenausweis, Frühförderung, Eingliederungshilfe. Jeder dieser Begriffe bedeutete ein neues Formular, ein neuer Stapel Belege, ein neuer Besuch beim Amt. Und jedes Mal die gleiche Frage: Können Sie das bitte noch einmal schriftlich belegen?

Ich schrieb, sammelte, kopierte. Reichte ein. Wartete. Fragte nach. Wartete weiter. Manchmal kam ein Schreiben mit der Bitte um zusätzliche Unterlagen – Dinge, die ich längst eingereicht hatte. Manchmal kam auch einfach nichts. Wochenlang.

Noch schlimmer war das Gefühl, mich immer wieder er-klären zu müssen. Als würde man mir nicht glauben, dass mein Kind Unterstützung braucht. Als wäre ich im Antragsteller-Modus eine Bittstellerin. Dabei kämpfte ich nicht für einen Vorteil, sondern für Gerechtigkeit. Für Teilhabe.

Besonders schmerzhaft waren die medizinischen Nachweise. Jedes Gutachten war wie ein sezierter Blick auf mein Kind. Kein Mensch, nur eine Liste von Einschränkungen. Ich las sie trotzdem. Und manchmal weinte ich danach.

Die Beantragung des Schwerbehindertenausweises war besonders hart. Ich musste auflisten, was Kacper nicht kann. Wie stark seine Einschränkungen sind. Ich musste darüber schreiben, wie er kommuniziert – oder nicht kommuniziert. Wie er sich im Alltag zurechtfindet – oder eben nicht. Es fühlte sich an, als würde ich all das auf den Prüfstand stellen, was ich versuche zu schützen: seine Würde, seine Eigenart, seine Einzigartigkeit.

Ich erinnere mich an einen Termin beim Amt, bei dem ich einen Bescheid in der Hand hielt – und trotzdem das Gefühl hatte, mich rechtfertigen zu müssen. Als würde mein Anliegen infrage gestellt, als hinge alles davon ab, wie überzeugend ich formuliere, wie erschöpft ich wirke. Ich stand da mit Dokumenten, mit Fakten – und hatte doch das Gefühl, zu wenig zu sein. „Beschreiben Sie die Defizite Ihres Kindes möglichst detailliert" – dieser Satz stand auf einem Formular. Ich habe ihn gelesen, lange angestarrt – und dann geheult.

Es war nicht nur die Bürokratie, die zermürbte. Es war das Gefühl, bewertet zu werden. Als Mutter. Als Mensch. Ich wollte keine Sonderbehandlung. Ich wollte nur, dass gesehen wird, was ist. Nicht mehr – aber auch nicht weniger.

Und doch lernte ich mit der Zeit, mich durch diesen Dschungel zu schlagen. Ich führte eine Mappe mit Kopien, markierte Fristen, bereitete Gespräche mit Vorlagen vor. Ich lernte die Sprache der Ämter – nicht, weil ich wollte, sondern weil ich musste.

Heute weiß ich: Dieser Teil ist vielleicht der härteste. Nicht das Kind. Nicht die Diagnose. Sondern das System, das dir sagt: Zeig mir, wie sehr du leidest – damit du Hilfe bekommst.

Und trotzdem habe ich nie aufgegeben. Weil ich wusste, wofür ich es tue.

Kapitel 12: Therapien – Hoffnung, Rückschritte und neue Wege

Die Diagnose war kaum ausgesprochen, da standen schon die ersten Therapiepläne im Raum. Frühförderung, Logopädie, Ergotherapie – all das klang nach Hoffnung. Nach Entwicklung. Nach Struktur. Und ich klammerte mich daran fest.

Am Anfang war ich voller Energie. Ich telefonierte, vereinbarte Termine, organisierte Fahrdienste. Ich erklärte Kacper immer wieder, wohin wir fuhren und warum. Ich hoffte auf Fortschritte – ein neues Wort vielleicht, eine Geste, ein Blick, der blieb. Manchmal kam etwas davon. Manchmal auch nicht.

Nicht jede Therapie passte zu ihm. Einige Räume waren zu laut, zu hell, zu fremd.

Manche Übungen wirkten auf ihn wie ein unlösbares Rätsel. Ich lernte, dass nicht jede Methode hilfreich ist – selbst wenn sie gut gemeint ist. Nicht jede Fachkraft hatte das nötige Einfühlungsvermögen. Nicht jedes Konzept war flexibel genug, um Kacper wirklich zu erreichen.

Es gab Rückschritte. Tage, an denen er sich verschloss, kaum ansprechbar war, nach den Sitzungen erschöpft wirkte. Ich fragte mich, ob wir ihn überforderten. Ob unser Wunsch nach Förderung zu viel wurde. Ob wir seine Grenzen übersahen – in all dem Streben nach Fortschritt.

Und trotzdem war da immer auch dieser kleine Funke Hoffnung. Wenn eine Therapeutin eine neue Idee hatte, die funktionierte. Wenn Kacper etwas aufgriff, das zuvor unmöglich schien. Wenn eine Stunde nicht in Frust, sondern in Lächeln endete. Diese kleinen Erfolge hielten uns aufrecht – auch wenn sie oft unsichtbar blieben.

Mit der Zeit änderte sich mein Blick. Ich hörte auf, Ergebnisse zu erwarten. Ich begann, auf Verbindung zu achten. Auf Vertrauen. Auf kleine Zeichen von Sicherheit – ein entspannter Blick, ein selbst initiierter Schritt. Manchmal kam das in der Therapie. Oft aber zu Hause: beim Spielen, beim Laufen im Wald, beim gemeinsamen Schweigen.

Wir fanden neue Wege. Musik wurde ein Schlüssel – ein Zugang zu seiner inneren Welt. Auch die Natur half ihm, zur Ruhe zu kommen. Klare Wiederholungen, vertraute Abläufe. Ich begann, mir selbst zu vertrauen – mehr als jedem Förderplan. Und ich lernte:

Entwicklung lässt sich nicht in Etappen messen. Nicht in Zahlen. Sondern nur in echter Begegnung.

Kapitel 13: Medizinische Begleitung – SPZ, Medikamente & mehr

Das SPZ – Sozialpädiatrisches Zentrum. Ein sperriger Name für einen Ort, der für uns zugleich Hoffnung und Überforderung bedeutete.

Schon früh wurden wir dorthin überwiesen. Kacper sollte umfassend beobachtet, eingeschätzt, begutachtet werden. Die Räume waren freundlich eingerichtet, das Personal meist bemüht. Und doch fühlte ich mich dort oft wie in einem Wartezimmer für Urteile. Kacper wurde getestet, beobachtet, bewertet. Ich sollte Fragen beantworten, die mir das Herz zuschnürten: Wie oft zeigt Ihr Kind Blickkontakt? Hat es auffällige Bewegungen? Reagiert es auf seinen Namen?

Ich wusste, dass diese Fragen notwendig waren – und doch fühlte es sich an, als würde man unser Leben in Tabellen pressen.

Immer wieder kam auch die Frage nach Medikamenten auf. Besonders in schwierigen Phasen – wenn Kacper kaum schlief, sich zurückzog, nicht ansprechbar war. Aber der Gedanke, ihm etwas zu geben, das in sein empfindliches System eingreift, machte mir Angst. Ich wollte nichts ausschließen, aber ich wollte auch nichts überstürzen.

Einmal erwähnte eine Ärztin Medikamente. Ich war unsicher. Ich fragte zurück: „Warum?" Die Antwort war nüchtern: „Manche Eltern berichten, dass es hilft." Das war kein Grund für mich. Ich wollte wissen, was genau es verändert. Ob es hilft, wirklich hilft – oder nur das Verhalten maskiert.

Kacper hatte keine körperlichen Krankheiten. Keine, die man mit Tabletten behandeln konnte. Aber es gab Phasen, in denen seine innere Anspannung so groß war, dass wir nicht mehr weiterwussten. Er schlief dann kaum. War nachts stundenlang wach. Seine Augen blickten, aber sie sahen nicht. Als wäre er abgetaucht. Ich hatte Angst, ihn zu verlieren – nicht körperlich, aber in seiner Welt.

Ich sprach mit Robert. Wir redeten lange, suchten Informationen, lasen Studien. Am Ende entschieden wir: keine Medikamente – vorerst. Wir wollten nicht gegen Symptome kämpfen, ohne zu wissen, was sie bedeuten. Wir setzten auf Struktur, auf Rituale, auf Nähe. Und manchmal half das. Manchmal auch nicht.

Die Suche nach Ärztinnen und Ärzten, die uns wirklich sahen – nicht nur die Akte, sondern das Kind dahinter – war mühsam. Manche hörten zu, andere wollten nur schnell entscheiden. Ich lernte, nachzufragen, zu widersprechen, zu verlangsamen. Auch wenn ich innerlich oft erschöpft war.

Die medizinische Begleitung war ein Teil unseres Weges – nicht der wichtigste, aber ein notwendiger. Sie half, Dinge einzuordnen. Aber sie konnte nicht alles erklären. Nicht, warum Kacper so auf Geräusche reagierte. Nicht, warum er sich manchmal stundenlang zurückzog. Und schon gar nicht, wie man mit der Angst lebt, etwas falsch zu machen.

Heute weiß ich: Die medizinische Begleitung ist ein wichtiger Teil unserer Reise. Aber sie darf nie das Einzige sein. Denn

Kacper ist mehr als seine Diagnose, mehr als ein Befund. Er ist ein Mensch – mit eigenen Rhythmen, eigenem Tempo, eigener Wahrheit.

Kapitel 14: Mutter-Kind-Kur – Aufbruch, Alltag und kleine Erfolge

Die Zusage für die Mutter-Kind-Kur kam überraschend schnell. Und trotzdem zögerte ich.

Der Gedanke, mit Kacper in eine fremde Umgebung zu fahren, fernab unserer gewohnten Strukturen, machte mir Angst. Ich wusste, wie sehr ihn Veränderungen herausforderten – und ich fragte mich, ob ich das überhaupt schaffe. Aber die Erschöpfung in mir war größer. Ich wollte es zumindest versuchen.

Die ersten Tage waren holprig. Das Haus war laut, die Abläufe unklar, viele der anderen Mütter suchten Austausch – ich suchte Rückzug. Kacper reagierte empfindlich auf die Geräusche im Speisesaal, auf die fremden Stimmen, auf das ungewohnte Bett. Wir brauchten eine Weile, bis wir einen eigenen kleinen Rhythmus fanden.

Ich sprach mit dem Kurteam, erklärte unsere Situation, bat um Flexibilität. Manches wurde berücksichtigt, anderes nicht. Ich merkte schnell: Autismus war hier kein vertrautes Thema. Ich musste vieles selbst organisieren, anpassen, erklären – wie so oft.

Und doch gab es auch gute Tage. Kleine Erfolge. Eine neue Routine, die funktionierte. Eine Therapieeinheit, in der Kacper still sitzen blieb. Ein Spaziergang, bei dem er meine Hand nahm, ohne dass ich darum bat. Ein gemeinsames Frühstück, das ohne Tränen endete. Solche Momente waren selten – und gerade deshalb so kostbar.

Ich selbst atmete zum ersten Mal seit Langem ein wenig auf. Ich konnte wieder schlafen – wenn auch nicht viel. Ich sprach mit einer anderen Mutter, die mich nicht bemitleidete, sondern einfach nur zuhörte. Auch das war selten.

Ich wurde daran erinnert, wie wichtig diese kleinen Räume für mich waren. Orte, an denen ich nicht nur die Mutter eines besonderen Kindes war, sondern auch einfach ich selbst. Mit Zweifeln, mit Kraft, mit Sehnsucht nach Ruhe.

Die Kur war nicht erholsam im klassischen Sinn. Aber sie war ein Anfang. Ein Aufbruch. Eine Erinnerung daran, dass Veränderung möglich ist – wenn auch langsam, tastend, vorsichtig. Und dass selbst inmitten von Überforderung ein paar ruhige Stunden wie ein Geschenk wirken können.

Kapitel 15: Zurück in die Förderung – wie wir weitermachten

Nach der Mutter-Kind-Kur standen wir vor der Frage: Wie geht es weiter?

Der Alltag hatte uns schnell wieder. Und mit ihm die Sorge, ob das, was wir an Struktur, Ruhe und neuen Impulsen aufgebaut hatten, Bestand haben würde. Ich wusste, dass Kacper nicht einfach zurück in das alte Fördersystem passte – zu viel hatte sich verändert. Er hatte sich verändert. Und ich auch.

Wir suchten gezielt nach neuer Unterstützung. Nicht jede Therapeutin, nicht jeder Anbieter aus der Vergangenheit kam noch infrage. Einige hatten aufgehört, andere konnten Kacpers Tempo nicht mitgehen. Ich lernte, klarer zu formulieren, was wir brauchen – und was nicht.

In kleinen Schritten nahmen wir die Förderung wieder auf. Weniger Termine, mehr Achtsamkeit. Keine starren Programme, sondern flexible, kindgerechte Angebote. Manchmal war ein Spaziergang mit gezielter Sprachbegleitung hilfreicher als eine klassische Sitzung. Manchmal war auch eine Pause das Wertvollste.

Ich begann, stärker auf mein Bauchgefühl zu hören. Wenn Kacper ablehnte, hörte ich hin. Wenn etwas funktionierte – auch nur ein bisschen –, griff ich es auf. Förderung wurde nicht länger zu einem Ziel, das man erreichen musste, sondern zu einem Weg, der sich entwickeln durfte. Ohne Druck, ohne Taktung, ohne Vergleich.

Rückschritte blieben nicht aus. Es gab Tage, an denen er sich verschloss, Therapien abbrach oder nicht sprechen wollte. Aber wir brachen nicht ab. Wir passten an. Ich lernte, dass Kontinuität nicht Gleichförmigkeit bedeutet. Dass Entwicklung nicht linear verläuft, sondern im Zickzack.

Förderung bedeutete für uns jetzt nicht mehr „mehr tun", sondern „besser hinhören". Und das war vielleicht der größte Fortschritt von allen.

Kapitel 16: Kacper geht wieder zur Schule

Der Tag, an dem Kacper wieder zur Schule gehen sollte, stand lange wie ein Schatten am Horizont. Nach allem, was gewesen war – den Rückzügen, den Überforderungen, den Therapien – war allein der Gedanke an einen strukturierten Schulalltag schwer vorstellbar.

Und doch war er da: der erste Morgen. Der Ranzen stand bereit, der Frühstücksteller war gedeckt wie immer, und trotzdem lag etwas in der Luft, das sich nicht routiniert anfühlte. Ich spürte seine Anspannung, obwohl er keinen Ton sagte. Seine Bewegungen waren kontrollierter als sonst, fast stockend – als würde sein Körper schon ahnen, was ihm bevorstand.

Wir hatten die Schule gemeinsam ausgesucht. Eine Förderschule mit kleinen Klassen, mit Menschen, die versprachen, Kacper zu begleiten, nicht zu überfordern. Ich wollte ihnen glauben. Und ich wollte Kacper zeigen, dass wir es noch einmal versuchen konnten – diesmal zu zweit, nicht gegen die Welt, sondern mit ihr.

Die ersten Tage waren durchwachsen. Manchmal kam er still nach Hause, erschöpft, ohne Blickkontakt. Manchmal sagte er beim Abendbrot plötzlich ein Wort, das er in der Schule gehört hatte – ein Fremdwort, ein Satzfetzen, ein Klang. Ich klammerte mich an diese Worte wie an ein Seil, das uns durch unsicheres Gelände führte.

Die Lehrkräfte gaben Rückmeldung. Er brauche Zeit. Er beobachte viel. Er nehme wahr – mehr, als man anfangs denkt. Ich war dankbar für diese Sätze. Sie klangen nicht nach Bewertung, sondern nach Geduld.

Langsam wurde die Schule wieder Teil unseres Alltags. Kein Ort der Angst, sondern ein Ort der Möglichkeiten. Natürlich gab es weiterhin Herausforderungen: neue Stundenpläne, neue Regeln, neue Reize. Aber diesmal war ich nicht allein. Und Kacper auch nicht.

Er ging wieder zur Schule. Und das allein war ein Schritt – größer als viele andere.

Kapitel 17: Kleine Schritte, große Wirkung

Es gibt diese Tage, an denen scheinbar nichts passiert. Kein neues Wort, kein sichtbarer Fortschritt. Und doch – wenn ich innehalte und genauer hinsehe, erkenne ich, wie viel sich verändert hat. Nicht in großen Sprüngen, sondern in winzigen, oft unscheinbaren Bewegungen.

Kacper blickt heute öfter auf, wenn ich seinen Namen sage. Manchmal nur kurz, manchmal länger. Aber er blickt. Er weicht Berührungen nicht mehr grundsätzlich aus. Und wenn er müde ist, sucht er Nähe – nicht laut, nicht direkt, sondern auf seine Art. Er setzt sich in meine Nähe, legt einen Baustein neben meinen, teilt seinen Raum.

Früher hätte ich das übersehen. Heute weiß ich: Das sind seine Wege, Verbindung herzustellen. Seine kleinen Schritte. Und jeder einzelne davon hat Gewicht.

Die Schule wurde langsam zu einem Ort, an dem er sich orientieren konnte. Er lernte, neue Rituale zu akzeptieren, mit Veränderungen umzugehen. Er fand Strategien, sich zurückzuziehen, wenn es zu viel wurde – ohne komplett abzuschalten. Und manchmal – ganz selten – hörte ich ihn von seinem Tag erzählen. Ein einziges Wort, ein halber Satz, eine Geste. Mehr brauchte es nicht.

Auch ich hatte gelernt. Nicht alles zu erwarten. Nicht alles zu bewerten. Ich hatte gelernt, dass Entwicklung nicht immer nach Plan verläuft. Und dass Hoffnung oft dort wächst, wo man sie am wenigsten vermutet – zwischen zwei Therapieeinheiten, beim

Warten auf den Bus, im Schatten eines stillen Nachmittags.

Ich hatte aufgehört, jedes Ziel zu verfolgen wie eine Liste. Stattdessen fragte ich mich: Fühlt er sich wohl? Fühlt er sich sicher? Und wenn die Antwort „ja" war, dann war das genug.

Es ist nicht der große Durchbruch, der unser Leben verändert hat. Es sind die kleinen Bewegungen. Die kurzen Blicke. Die ruhigen Abende. Die Momente, in denen wir einander erkennen – ohne dass viel gesagt werden muss.

Und manchmal, wenn ich Kacper dabei zusehe, wie er etwas zum hundertsten Mal auf dieselbe Weise tut – mit derselben Geduld, demselben Rhythmus –, dann denke ich: Vielleicht ist es genau das, was Wirkung zeigt. Nicht das Neue. Sondern das Beständige.

Teil 4: Lernen & Entwicklung

Kapitel 18: Kacpers Interessen und Stärken entdecken

Wenn man ein Kind mit besonderen Bedürfnissen begleitet, liegt der Fokus oft auf dem, was nicht funktioniert. Auf den Defiziten, den Herausforderungen, dem Anderssein. Aber irgendwann – vielleicht aus Müdigkeit, vielleicht aus Hoffnung – beginnt man umzudenken. Und entdeckt: Auch mein Kind hat Talente. Und Interessen. Und Dinge, bei denen es aufblüht.

Es dauerte eine Weile, bis ich verstand, dass Kacpers Zugang zur Welt nicht über Worte, sondern über Muster führte. Wo andere Kinder Geschichten nachspielten oder Fragen stellten, sortierte er Dinge – still, konzentriert, ganz in seiner eigenen

Ordnung. Er hatte ein außergewöhnliches Auge für Details. Was ihm gefiel, fiel ihm sofort ins Auge: bestimmte Farben, bestimmte Formen, wiederkehrende Zahlenreihen.

Er konnte stundenlang sitzen und aus Perlen eine Sequenz legen, die niemandem auffiel – außer ihm. Es waren keine bloßen Spielereien. Es waren Codes, die ihm Halt gaben. Und irgendwann begriff ich: Das ist seine Art zu denken. Und vielleicht auch seine Art, die Welt zu begreifen.

Während andere Kinder ziellos mit Bauklötzen spielten, schichtete er sie sorgfältig in Reihen, Spiralen oder geometrischen Mustern. Wenn andere Kinder ein Bild malten, legte Kacper Muster aus farblich abgestimmten Knöpfen. Ich sah lange nicht, wie viel Schönheit darin lag.

Wenn etwas aus der Reihe fiel, korrigierte er es sofort. Es wirkte nicht zwanghaft, sondern fast wie ein innerer Kompass. Für ihn hatten Dinge eine Ordnung, die er nicht erklären, aber fühlen konnte.

Kacper hatte ein außergewöhnliches Gedächtnis. Melodien reichten ihm ein einziges Mal. Geräusche erkannte er wieder, auch wenn sie Wochen zurücklagen. Wenn ich etwas laut sagte, konnte es passieren, dass er es viel später, fast wie ein Echo, exakt wiedergab – Tonlage und Satzstellung inklusive. Zuerst wirkte das mechanisch. Doch mit der Zeit zeigte sich, dass darin auch Bedeutung lag. Er lernte durch Wiederholung, durch Struktur, durch das genaue Beobachten.

In der Schule entdeckten die Lehrer, dass Kacper ein Gefühl für räumliches Denken hatte. Puzzles, die andere Kinder frustrierten, löste er fast beiläufig. Mathematische Muster faszinierten ihn – nicht als Rechenaufgabe, sondern als Rhythmus. Eine stille Logik, die ihm Sicherheit gab.

Ich lernte, ihn nicht zu zwingen, sich zu erklären – sondern seine Stärken sprechen zu lassen. In Bildern. In Bewegungen. In kleinen Momenten, in denen er plötzlich ganz präsent war. Wenn er eine neue Reihenfolge entdeckt hatte. Oder mir mit einem Lächeln ein Objekt hinhielt, das er sortiert hatte, als wollte er sagen: „Siehst du das auch?"

Sein Interesse für Musik war eine weitere dieser Brücken. Es begann mit einer Spieluhr. Jedes Mal, wenn ich sie aufzog, lauschte er mit einer Intensität, die mich rührte. Er summte Melodien nach, erinnerte sich an Rhythmen. Musik war für ihn ein Medium, das ihn erreichte, wenn Worte es nicht konnten.

Manche nannten das „Inselbegabungen". Für mich waren es Brücken – zwischen seiner Welt und meiner. Und sie erinnerten mich daran: Jedes Kind hat eine Sprache. Manchmal müssen wir nur still genug sein, um sie zu verstehen.

Seine größte Stärke aber ist vielleicht seine Art, im Moment zu leben. Wenn er lacht, dann ganz. Wenn er sich freut, dann ohne Zurückhaltung. Er versteckt seine Emotionen nicht, tarnt sich nicht. Das macht ihn verletzlich – und gleichzeitig unglaublich authentisch.

Kapitel 19: Sprache, Kommunikation & Technik

Sprache war für Kacper nie einfach. Sie war keine Selbst-verständlichkeit, kein Mittel zum Austausch. Worte kamen spät – und gingen manchmal wieder. Es war, als würde er sie nur ausleihen, wenn er sie brauchte. Und manchmal schienen sie ihm zu schwer, zu laut, zu flüchtig.

Ich erinnere mich an die langen Monate, in denen er gar nicht sprach. In denen er sich nur durch Gesten, durch Blicke, durch Bewegungen verständigte. Und ich lernte, genau hinzuschauen. Denn auch Schweigen ist eine Form von Kommunikation – wenn man bereit ist, sie zu hören. Oft sprach er nicht – aber wenn ich ein Lied aus der Werbung summte, ergänzte er die nächsten Takte wie aus dem Nichts.

Wir übten mit Bildkarten, mit Handzeichen, mit Ritualen. Ich sprach langsam, wiederholte oft, ließ Pausen. Manchmal kam ein Wort zurück. Manchmal nicht. Ich lernte, nicht jedes Schweigen als Rückschritt zu sehen – sondern als Ausdruck seines inneren Tempos.

Später kamen unterstützende Methoden hinzu. Wir nutzten visuelle Tagespläne, um den Ablauf zu strukturieren. Symbole für „essen", „baden", „Schule". Anfangs schien es mir wie eine Notlösung – später wurde es zu einem Werkzeug der Entlastung. Für ihn. Für mich.

Mit der Zeit entdeckten wir auch technische Hilfsmittel. Ein Sprachausgabegerät, auf dem er mit Symbolen Sätze zusammenstellen konnte. Apps, die ihm halfen, Wünsche auszudrücken. Videos, die neue Wörter erklärten – nicht durch Erklärung, sondern durch Wiederholung, Klang und Bild. Für Kacper war das keine künstliche Welt – es war eine Brücke. Und manchmal auch ein Schutz.

Technik ersetzte nicht die Beziehung. Aber sie eröffnete Möglichkeiten, wo Worte allein nicht reichten. Sie gab ihm eine Form von Autonomie – eine Stimme, die nicht vom Sprechen abhing. Und mir gab sie Momente der Entlastung. Nicht, weil sie etwas abnahm – sondern weil sie etwas ermöglichte.

Ich lernte, dass Kommunikation nicht immer dialogisch sein muss. Sie kann auch darin liegen, dass ich verstehe, was er nicht sagt. Dass ich akzeptiere, wenn eine Berührung mehr bedeutet als ein Satz. Dass ich ihn nicht zwinge, sich in meiner Sprache auszudrücken – sondern seine respektiere.

Und manchmal, wenn er dann doch etwas sagte – leise, unerwartet, klar – war das wie ein Geschenk. Kein Meilenstein für ein Therapiejournal. Sondern ein Moment echter Verbindung. Zwischen seiner Welt und meiner.

Kapitel 20: Lernen zu Hause – Übungen und Homeschooling

Lernen fand bei uns nicht nur in Klassenzimmern statt – im Gegenteil. Oft geschah es am Küchentisch, im Flur, auf dem Spielteppich. Und manchmal auch zwischen zwei Wutausbrüchen oder in einem Moment der Stille, den man fast überhören konnte.

Nach der Diagnose wurde schnell klar, dass Kacper nicht in ein starres Schulsystem passte. Die Anforderungen, der Lärmpegel, der Leistungsdruck – all das war zu viel. Immer wieder standen wir vor der Frage: Wie können wir Bildung ermöglichen, ohne ihn zu überfordern?

Ich begann, kleine Lerneinheiten in unseren Alltag zu integrieren. Keine langen Sitzphasen, keine Arbeitsblätter mit zehn Aufgaben. Stattdessen: Zählen beim

Treppensteigen. Farben benennen beim Anziehen. Formen erkennen im Geschirr. Lernen in Bewegung, eingebettet in das, was gerade war.

Besonders hilfreich waren visuelle Hilfsmittel. Ich bastelte Karten, auf denen Zahlen, Buchstaben oder einfache Handlungsabfolgen abgebildet waren. Wir klebten sie an Türen, Schränke, Fenster. Lernen war plötzlich überall. Und weil es überall war, fühlte es sich nicht mehr wie Druck an – sondern wie Teil des Lebens.

Als die Schule eine Zeit lang ausfiel, übernahm ich vollständig das Homeschooling. Nicht nach Lehrplan, sondern nach Kacpers Bedürfnissen. Ich strukturierte die Tage mit klaren Abläufen, mit Zeiten für Bewegung, für Ruhe, für gezielte Übungen. Und ich beobachtete genau, wann er aufnahm – und wann nicht.

Manchmal reichte ein halbes Lied, ein Puzzle, eine kurze Gesprächssituation, um einen Lerneffekt zu erzielen. Manchmal war ein ganzer Tag ohne erkennbare Fortschritte – und das war auch in Ordnung. Ich lernte, loszulassen. Nicht das Ziel war entscheidend, sondern der Weg.

Technik half uns auch hier: Lernvideos, Apps mit Wiederholungen, einfache Sprachprogramme. Sie konnten motivieren – wenn sie richtig eingesetzt wurden. Aber sie konnten auch überfordern. Ich lernte, sie dosiert zu nutzen. Als Ergänzung, nicht als Ersatz.

In der Rückschau war das Homeschooling keine Notlösung – es war eine Entdeckung. Eine neue Art, Lernen zu denken. Nicht defizitorientiert, sondern ressourcenorientiert. Nicht im Vergleich zu anderen, sondern im Tempo meines Kindes.

Und das Wichtigste: Ich erkannte, dass ich keine perfekte Lehrerin sein musste. Ich musste nur präsent sein. Verlässlich. Und bereit, immer wieder neu anzufangen.

Kapitel 21: Konzentration und Herausforderungen in der Schule

Die Schule war nie einfach für Kacper. Nicht wegen der Inhalte – sondern wegen allem, was drumherum passierte. Geräusche, Bewegungen, fremde Stimmen, neue Regeln. Schon der Weg ins Schulgebäude konnte ihn erschöpfen.

Konzentration war für ihn nicht nur eine Frage der Aufmerksamkeit. Es war ein täglicher Kraftakt. Während andere Kinder stillsaßen und arbeiteten, kämpfte Kacper gegen ein inneres Gewitter: den Hall auf dem Flur, das Quietschen eines Stuhls, das Flackern des Lichts. Alles war Reiz. Und jeder Reiz konnte den Faden reißen lassen, den er gerade noch hielt.

Die Lehrkräfte gaben sich Mühe. Viele von ihnen wollten verstehen. Sie boten

Rückzugsräume, Pausen, klare Strukturen. Aber nicht jeder Tag war gleich. Es gab Phasen, in denen Kacper sich öffnen konnte – und andere, in denen er sich verschloss. Dann saß er da, starrte an die Wand oder lief ruhelos im Klassenzimmer umher. Nicht aus Trotz. Aus Überforderung.

Manche hielten ihn für unkonzentriert. Andere glaubten, er sei faul. Aber wer genau hinsah, konnte etwas anderes erkennen: Er versuchte, Ordnung in ein Chaos zu bringen, das niemand sonst wahrnahm.

Wir führten ein Tagebuch, in dem wir notierten, was ihm half. Klare Anweisungen. Visualisierte Arbeitspläne. Wiederholungen. Lob ohne Druck. Er brauchte mehr Pausen, weniger Ablenkung, ein ruhiges Umfeld. Kein Lärm, keine Eile – nur Sicherheit.

Auch zu Hause wurde Schule zum Thema. Ich übte mit ihm, nicht mit Arbeitsblättern, sondern mit Geduld. Ich stellte keine Prüfungsfragen – ich suchte nach Wegen, wie er sich ausdrücken konnte. Manchmal mit Worten, manchmal mit Farben, manchmal mit Bewegung.

Manche Tage endeten in Tränen – bei ihm und bei mir. Aber es gab auch die anderen: Wenn er einen Satz zu Ende schrieb. Wenn er bei der richtigen Antwort lächelte. Wenn er sich traute, die Hand zu heben – ganz leise, ganz vorsichtig. Nicht jeder Tag brachte Fortschritt. Nicht jeder Monat Veränderung. Kacpers Entwicklung verlief nicht linear – sie war ein Auf und Ab, geprägt von Phasen, in denen alles stillzustehen schien. In denen wir mehr Fragen hatten als Antworten.

In dieser Spannung zwischen Erwartung und Wirklichkeit lernte ich Geduld. Und Kacper lernte, sich zu trauen – in seinem Tempo, auf seine Weise.

Herausforderung bedeutete nicht Scheitern. Es bedeutete, dass wir beide wachsen mussten – er in der Schule, ich im Verstehen.

Kapitel 22: Entwicklung mit Hindernissen – zwischen Druck und Durchbruch

Es gab Momente, da glaubte ich, wir hätten einen Rhythmus gefunden. Die Tage liefen halbwegs geordnet, Kacper zeigte Interesse, wir hatten ein System. Und dann – kam ein Bruch. Ohne Vorwarnung, ohne klaren Auslöser. Plötzlich funktionierte nichts mehr. Die Übungen, die Routinen, die Worte – als wären sie nie dagewesen.

In solchen Phasen war es leicht, den Mut zu verlieren. Ich fragte mich: Was habe ich falsch gemacht? Haben wir ihn überfordert? War es zu viel? Zu früh?

Aber Kacper war kein geradliniges Projekt. Seine Entwicklung folgte keiner Statistik, keinem Lehrbuch. Sie verlief in Schleifen. Zwei Schritte vor, ein Schritt zurück.

Manchmal auch drei zurück. Doch irgendwann – oft wenn ich es am wenigsten erwartete – kam ein neuer Impuls. Eine Geste, ein Blick, ein Satz. Ein Durchbruch, klein vielleicht, aber kraftvoll.

Ich lernte, Druck zu hinterfragen. Nicht nur den äußeren, sondern vor allem den inneren. Meinen eigenen Anspruch, „voranzukommen". Den Vergleich mit anderen Kindern. Die Stimmen im Kopf, die sagten, was in welchem Alter „normal" sei.

Denn was ist schon normal? Für uns bedeutete Entwicklung: lernen, Geduld zu haben. Lernen, Rückschritte nicht als Scheitern zu sehen. Lernen, im Stillstand neue Wege zu entdecken.

Und vor allem: Vertrauen zu bewahren. In ihn. In mich. In das, was wir gemeinsam schaffen – auch wenn es langsam geht, auch wenn es anders aussieht.

Manche Entwicklungen ließen sich nicht beschleunigen. Aber sie ließen sich begleiten. Mit offener Hand, mit klarem Blick, mit einem Herzen, das nicht aufgibt.Nicht jeder Tag brachte Fortschritt. Nicht jeder Monat Veränderung. Kacpers Entwicklung verlief nicht linear – sie war ein Auf und Ab, geprägt von Phasen, in denen alles stillzustehen schien. In denen wir mehr Fragen hatten als Antworten.

Es gab Zeiten, da schien alles Erreichte plötzlich wieder verloren. Ein Wort, das er Tage lang verwendet hatte, verschwand. Ein Ritual, das ihm Sicherheit gab, wurde plötzlich verweigert. Ich stand daneben – ratlos, hilflos, müde. Und trotzdem begann ich, diesen Rückschritten anders zu begegnen.

Ich lernte, nicht mehr sofort in Sorge zu verfallen. Sondern abzuwarten. Manchmal war ein Rückzug nur der Vorbote eines Entwicklungsschubs. Manchmal bedeutete sein Schweigen nicht Stillstand – sondern ein inneres Sortieren.

In diesen Momenten fühlte ich den Druck von außen besonders stark. Andere Kinder in seinem Alter lasen, schrieben, spielten im Team. Kacper brauchte noch immer Hilfe beim Anziehen. Oder sprach einen Satz, den er sich von einer Tonaufnahme gemerkt hatte. Ich fühlte mich zurückgeworfen – obwohl wir längst eigene Maßstäbe entwickelt hatten.

Und doch kamen sie – die Durchbrüche. Nicht mit Trommelwirbel, sondern leise, fast unbemerkt. Ein Blick, der hielt. Eine Geste, die neu war. Ein Moment, in dem er plötzlich nicht mehr weg- sondern auf mich zuging.

Was nach außen klein wirkte, war für uns riesig. Entwicklung fand nicht in Normkurven statt. Sie zeigte sich in Mikro-Bewegungen. In inneren Entscheidungen, die Kacper vielleicht nicht erklären konnte – aber die ich spürte.

In dieser Spannung zwischen Erwartung und Wirklichkeit lernte ich Geduld. Und Kacper lernte, sich zu trauen – in seinem Tempo, auf seine Weise.

Teil 5: Reflexionen & Hoffnung

Kapitel 23: Was ich als Mutter gelernt habe

Ich bin nicht mehr dieselbe Frau wie damals, als ich mit Kacper zum ersten Mal in eine deutsche Kita ging. Nicht dieselbe Mutter, die verzweifelt versuchte, jedes Formular richtig auszufüllen, jede Entwicklungslücke zu schließen, jede Therapie pünktlich zu erreichen. Ich habe gelernt – nicht über ihn, sondern mit ihm.

Ich habe gelernt, dass Stärke nicht bedeutet, immer weiterzumachen. Sondern zu wissen, wann man innehalten muss. Dass Liebe sich nicht nur im Trösten zeigt, sondern auch im Loslassen.

Ich habe gelernt, Geduld neu zu definieren. Nicht als „warten, bis etwas passiert", sondern als: „dabei bleiben, auch wenn nichts passiert".

Ich habe gelernt, zuzuhören – jenseits der Worte. Kacper spricht oft anders, später, leiser. Aber er spricht. Und wenn ich hinhöre, höre ich alles: Freude, Überforderung, Stolz, Angst.

Ich habe gelernt, dass Vergleiche nur schaden. Dass Entwicklung nicht in Tabellen passt. Dass jedes Kind einen anderen Weg geht – und dass es unser Fehler ist, wenn wir meinen, diesen Weg beschleunigen zu müssen.

Ich habe gelernt, dass auch ich Hilfe brauche. Dass ich nicht immer stark sein kann. Dass Schwäche zeigen kein Versagen ist. Ich war Mutter, Therapeutin, Dolmetscherin, Kämpferin. Aber manchmal fragte ich mich: Bin ich auch noch ich?

Ich habe gelernt, mich durchzusetzen – leise, aber klar. Gegen Behörden. Gegen Unverständnis. Gegen Übergriffigkeit. Und manchmal auch gegen meine eigenen Zweifel. Unser Zuhause wurde leiser. Nicht aus Ruhe, sondern aus Erschöpfung. Auch zwischen meinem Mann und mir. Vieles blieb unausgesprochen – nicht aus Gleichgültigkeit, sondern weil uns die Worte fehlten.

Ich habe gelernt, wie viel man schaffen kann, wenn man liebt. Und wie viel Kraft darin liegt, ein Kind einfach sein zu lassen.

Am meisten aber habe ich gelernt, wie viel ein Kind geben kann – selbst wenn es wenig sagt, sich oft zurückzieht, anders fühlt. Kacper hat mich zu einer anderen Mutter gemacht. Einer, die nicht alles plant, nicht alles weiß, aber vieles sieht.

Er hat mir beigebracht, den Moment zu schätzen. Die leisen, scheinbar bedeutungslosen Augenblicke – wenn ein Blick länger dauert, eine Hand sich an meine schmiegt, ein Lächeln zurückkommt.

Ich bin Mutter. Nicht von einem pflegeleichten Kind. Aber von einem besonderen Menschen, der mich gelehrt hat, was es wirklich heißt, da zu sein.

Und dafür bin ich dankbar.

Kapitel 24: Tipps für andere Eltern – zwischen Mut und Realität

Wenn ich eines gelernt habe, dann dies: Es gibt keine Patentlösung. Kein Rezept, das man einfach übernehmen kann. Und doch gibt es Erfahrungen, Gedanken, Wege, die anderen Eltern helfen können – nicht als Anleitung, sondern als Begleitung. Manchmal ist es nicht der große Ratgeber, der hilft – sondern eine Nachbarin, die fragt, ob sie etwas mitbringen kann.

1. **Hör auf dein Gefühl – auch wenn andere es nicht teilen.**

Es wird Momente geben, in denen Fachleute, Familie oder Freunde meinen, es besser zu wissen. Aber du kennst dein Kind. Du spürst, wenn etwas nicht stimmt. Du merkst, wenn etwas funktioniert – und wenn nicht. Dieses Gefühl ist dein Kompass. Vertraue ihm.

2. Nicht jedes Verhalten muss „wegtherapiert" werden.

Manche Verhaltensweisen wirken seltsam – von außen betrachtet. Aber oft sind sie Ausdruck innerer Ordnung, von Reizverarbeitung oder einfach ein Teil der Persönlichkeit. Nicht alles ist ein Problem. Und nicht alles braucht eine Lösung.

3. Erwarte keine Perfektion – von deinem Kind und auch nicht von dir selbst.

Es wird Rückschritte geben. Tränen. Müdigkeit. Zweifel. Du wirst Dinge falsch machen. Und trotzdem reicht es, „gut genug" zu sein. Dein Kind braucht keine perfekte Mutter – sondern eine, die bleibt, zuhört, versucht.

4. Schaffe Struktur – aber bleib flexibel.

Routinen helfen, das Leben vorhersehbarer zu machen. Aber starre Regeln helfen nicht, wenn die Welt gerade brennt. Es geht um Balance: Verlässlichkeit mit Spielraum. Planung mit der Bereitschaft zum Umplanen.

5. **Nimm Hilfe an – und suche sie aktiv.**

Du musst das nicht allein schaffen. Es ist keine Schwäche, Unterstützung zu brauchen – es ist eine Stärke, sie zuzulassen. Ob therapeutisch, emotional, organisatorisch – jede Hilfe zählt.

6. **Mach Pausen – auch wenn es schwerfällt.**

Selbstfürsorge ist kein Luxus, sondern Überlebensstrategie. Du darfst müde sein. Du darfst wütend sein. Du darfst weinen. Und du darfst dir Zeit nehmen, um Kraft zu schöpfen.

7. Feiere die kleinen Erfolge.

Ein Blickkontakt. Ein selbstgewähltes Wort. Ein friedlicher Abend. In anderen Familien mögen das Selbstverständlichkeiten sein – in deiner sind sie Meilensteine. Erkenne sie an. Sie zeigen dir den Weg.

8. Verabschiede dich vom Bild des „normalen" Lebens.

Dein Leben mag anders verlaufen – aber es ist nicht weniger wert. Es ist kein Notfallplan, kein „zweite Wahl"-Weg. Es ist euer Weg. Und auf ihm gibt es Liebe, Tiefe und Verbindung – oft mehr, als viele je erfahren.

Kapitel 25: Von Pinguinmüttern und kleinen großen Veränderungen

Manchmal denke ich an eine Geschichte, die ich einmal gelesen habe – über Pinguinmütter. Sie stehen inmitten eines endlosen, eisigen Landes. Tagelang. Wochenlang. In der Kälte, im Sturm. Ohne sich zu bewegen. Ohne Nahrung. Nur, um ihr Junges warmzuhalten.

So fühlte sich mein Leben oft an. Wie ein Warten im Sturm. Nicht spektakulär. Nicht sichtbar. Und doch voller Bedeutung.

Ich habe gelernt, dass Veränderung nicht laut daherkommt. Sie flüstert. Sie zeigt sich in winzigen Gesten – in einem Blick, der bleibt. In einem Wort, das neu ist. In einem Schritt, den niemand bemerkt – außer dir. Und diesen Momenten wohnt eine Kraft inne, die größer ist als alles, was ich mir je vorgestellt habe.

Ich weiß heute: Mein Kind hat mich verändert. Nicht nur in meiner Rolle als Mutter. Sondern in meinem ganzen Sein. Ich habe gelernt, geduldiger zu sein. Weicher, wo es nötig ist. Klarer, wo es hilft. Ich habe gelernt, zuzuhören – nicht nur mit den Ohren, sondern mit dem Herzen.

Und ich habe gelernt, dass Fortschritt nicht in Tabellen steht. Sondern in Vertrauen. In Beziehung. In der Fähigkeit, jemanden so zu sehen, wie er ist – nicht wie er sein sollte.

Kacper hat mir beigebracht, was es heißt, wahrhaft präsent zu sein. Nicht alles kontrollieren zu wollen. Nicht jedem Plan hinterherzurennen. Sondern in dem Moment zu leben, der gerade da ist – mit allem, was er bringt.

Manchmal denke ich, dass ich nicht stark genug bin für all das. Und dann sehe ich zurück – auf das, was wir geschafft haben. Auf all die kleinen großen Veränderungen. Und ich weiß: Ich bin stark. Nicht trotz der Tränen. Sondern mit ihnen.

So wie Pinguinmütter. Still. Standhaft. Voller Liebe.

Epilog

Es gibt keine Landkarte für diesen Weg. Kein Handbuch, das einem sagt, wie man Mutter wird – von einem Kind, das anders ist als andere. Und doch bin ich ihn gegangen. Schritt für Schritt. Mal suchend, mal sicher. Mal erschöpft, mal voller Liebe.

Heute weiß ich, dass nicht die Diagnose unser Leben bestimmt hat, sondern das, was wir daraus gemacht haben.

Kacper ist nicht mehr das kleine Kind, das kaum sprach und sich zurückzog. Er ist ein junger Mensch geworden – mit eigenen Gedanken, eigenen Wegen, eigener Kraft. Noch immer gibt es Herausforderungen. Aber es gibt auch Freude. Tiefe Verbindung. Und dieses stille Wissen: Wir haben etwas geschafft.

Ich habe oft gezweifelt, ob ich gut genug bin. Ob ich genug gebe, genug halte, genug verstehe. Aber vielleicht ist es gar nicht das „Genug", das zählt. Sondern das Dasein. Das Bleiben. Das Mitgehen.

Dieses Buch ist kein Ratgeber. Es ist ein Zeugnis. Eine Spur. Eine Stimme unter vielen. Vielleicht findest du dich darin wieder – als Mutter, als Vater, als Begleiterin eines besonderen Kindes. Vielleicht gibt es dir Mut, weiterzugehen, auch wenn der Weg unübersichtlich ist.

Denn am Ende geht es nicht darum, alles richtig zu machen. Sondern da zu sein. Zu lieben. Immer wieder. Trotz allem.

Und manchmal – ganz plötzlich – leuchtet etwas auf. Ein Lächeln. Ein Wort. Ein Blick. Und du weißt: Alles war nicht umsonst.

Danke, dass du unsere Geschichte gelesen hast.

Danksagung

Dieses Buch wäre nicht entstanden ohne die Menschen, die uns auf unserem Weg begleitet haben – offen, geduldig, leise stark.

Ich danke den wenigen, aber wichtigen Fachkräften, die Kacper nicht als Akte gesehen haben, sondern als Kind. Die uns nicht mit schnellen Lösungen kamen, sondern mit ehrlicher Geduld. Die zugehört haben, auch wenn ich müde war. Auch wenn die Antworten schwer fielen.

Ich danke den Therapeutinnen, die nicht nur Methoden anwendeten, sondern wirklich hinsahen. Die verstanden, dass Entwicklung nicht immer messbar ist – sondern manchmal einfach darin liegt, dass ein Kind sich traut, sich zu zeigen.

Ein stilles Danke geht an die Mutter in der Kur, die mich nicht bemitleidete, sondern einfach nur da war.

Ich danke meinem Kind, das mich jeden Tag lehrt, was es heißt, aufmerksam zu lieben. Ohne Bedingungen, ohne Worte, manchmal nur mit einem Blick – und dennoch tief. An alle, die uns nicht mitleidig, sondern menschlich begegnet sind, danke. An die Lehrerinnen, die nicht nur unterrichtet, sondern gesehen haben, danke. An mein Kind – das mich lehrt, anders zu lieben. Klarer. Wahrhaftiger.

Und ich danke mir selbst. Dafür, dass ich durchgehalten habe. Dass ich weitergemacht habe. Dass ich heute sagen kann: Wir sind noch da – nicht perfekt, aber gemeinsam.

Zeitfracht Medien GmbH
Ferdinand-Jühlke-Straße 7
99095 Erfurt, Deutschland
produktsicherheit@kolibri360.de